Helga Setz

99 x KÄRNTNERISCH KOCHEN

Helga Setz

99 x Kärntnerisch Kochen

VERLAG johannes
heyn

Mengenangaben bei allen Rezepten für 4 Personen

1.- 50.000 1981-1995
51.- 55.000 1996
56.- 125.000 1998
126.- 130.000 1999
131.- 135.000 2000
136.- 140.000 2006
141.- 142.300 2011
142.- 147.300 2014

Klagenfurt, 2014
Druck: Druckerei Theiss GmbH, A-9431 St. Stefan/Lav.
ISBN 3-7084-0210-3
ISBN 978-3-7084-0210-9

Suppen

Brotsuppe

150 g hartes Schwarzbrot oder klein geschnittenes frisches Brot
50 g Selchspeck
50 g Zwiebeln
3/4 l Wasser
1 Knoblauchzehe
1/2 TL Kümmel
1/2 TL Salz
1 Lorbeerblatt
1/2 Suppenwürfel
– – – – –
1 Ei
1 EL gehackte, grüne Petersilie

Hartes Schwarzbrot wird ca. 1/2 Stunde in kaltem Wasser eingeweicht, gut ausgedrückt und aufgebröselt.
Kleinwürfelig geschnittener Speck und gehackte Zwiebeln werden hellbraun geröstet, das Brot dazugegeben und alles gut durchgeröstet.
Dann wird aufgegossen und die Suppe mit den Gewürzen gut verkocht.
Vor dem Anrichten läßt man das versprudelte Ei einlaufen und würzt mit grüner Petersilie.

Diese Suppe bietet eine gute Verwertungsmöglichkeit für Schwarzbrotreste.

Einbrennsuppe

50 g Fett
50 g Mehl
1 l Wasser
je 1 TL Kümmel
braune Minze
Thymian
1 TL Salz
1 Lorbeerblatt
– – – – –
1 Ei

Fett und Mehl werden dunkelbraun geröstet, mit kaltem Wasser vergossen, die Gewürze beigefügt und alles ca. 20 Minuten gut verkocht.
Das Ei wird verrührt und langsam in die kochende Suppe einlaufen gelassen.

Dazu ißt man Schwarzbrotschnitten oder Sterz.
Ohne Fett zubereitet, das Mehl trocken geröstet, ist diese Suppe eine Diätspeise.

Erdäpfelsuppe

50 g Sellerie
50 g Petersilwurzel
50 g Möhren
50 g Porree
je 1/2 TL Basilikum
Majoran
Thymian
Kümmel
2 Lorbeerblätter
3/4 l Wasser
200 g Erdäpfel
– – – – –
40 g Fett
40 g Mehl
1 EL Essig
1 TL Salz

Das Wurzelwerk wird kleinwürfelig geschnitten und mit den Gewürzen halbgar gekocht. Dann gibt man die würfelig geschnittenen Erdäpfel dazu.
Fett und Mehl werden braun geröstet, zur Suppe gegeben und gut verkocht. Am Schluß würzt man mit Essig und Salz.

Zur Erdäpfelsuppe kann man Scheadlan essen oder man gibt sie als Vorgericht vor einer süßen Hauptspeise wie Apfelstrudel oder Apfelknödel.

Gemüsesuppe

100 g grüne Bohnen
100 g Möhren
100 g Kohlrabi
100 g Karfiol
1 TL Salz
1 l Wasser
– – – – –
2 EL Öl
40 g Mehl
– – – – –
1/2 Suppenwürfel
oder 1 TL Hefewürze
1 EL gehackte, grüne Petersilie

Bohnen, Möhren und Kohlrabi werden feinnudelig geschnitten ins kochende Salzwasser gegeben und halbgar gekocht. Dann fügt man die Karfiolröschen bei und kocht alles weich.
In der Zwischenzeit röstet man das Mehl im Öl hellbraun, gibt es zur Suppe, läßt alles gut verkochen und schmeckt die Suppe mit den Gewürzen ab.

Kirchtagssuppe

200 g Schaffleisch
200 g Rindfleisch
1/4 Suppenhuhn
500 g Rindsknochen
1 TL Salz
50 g Porree
etwas grüne Petersilie
1 l Wasser
– – – – –
1/2 l Wasser
5 Pfefferkörner
5 Nelken
4 Prisen Safran
1 Salbeiblatt
2 Lorbeerblätter
etwas Lustock,
Ingwer, Basilikum,
Estragon, Thymian
– – – – –
1/8 l saurer Rahm
2 Dotter
1 EL Mehl

Fleisch, Knochen und Grünzeug werden in kaltem Wasser mit dem Salz zugestellt und langsam gekocht.
Die Gewürze stellt man ebenfalls mit kaltem Wasser zu, läßt sie 1 Stunde ziehen und seiht sie ab.
Wenn das Fleisch gar ist, wird es in kleine Würfel geschnitten, die Suppe abgeseiht und mit dem Kräutersud vermengt wieder zum Kochen gebracht.
Rahm, Dotter und Mehl werden gut versprudelt in die kochende Suppe eingerührt. Dann würzt man nach. Die Suppe soll leicht säuerlich und würzig schmecken.

Als Einlage kann man geröstete Brotwürfel oder Eingußnudeln in die Suppe geben.

Knoblauchsuppe

100 g Selchspeck
10 Zehen Knoblauch
100 g Porree oder Zwiebeln
1 l Wasser
– – – – –
1/8 l saurer Rahm
1 Dotter
1 TL Mehl
1/2 Suppenwürfel
Salz
– – – – –
100 g geröstete Brotwürfel als Einlage

Der würfelig geschnittene Speck wird angebraten und der zerdrückte Knoblauch darin kurz geröstet. Dann gibt man nudelig geschnittenen Porree oder Zwiebeln dazu und dünstet alles ca. 5 Minuten. Mit kaltem Wasser gießt man auf und kocht alles ungefähr 20 Minuten.
Rahm, Dotter und Mehl werden gut verrührt, zur Suppe gegeben und nochmals aufgekocht.

Am Schluß wird die Suppe gewürzt und mit Brotwürfeln aufgetragen.

Rahm- oder Buttermilchsuppe

1/2 l Wasser
1 TL Kümmel
1 TL Salz
– – – – –
1/2 l Buttermilch
5 EL saurer Rahm
oder
1/2 l saurer Rahm
40 g Mehl

Wasser und Gewürze werden aufgekocht.
Die Buttermilch und der Rahm werden mit dem Mehl versprudelt und mit dem Kümmelwasser gut verkocht.

Diese Suppe richtet man mit Schwarzbrotschnitten an oder man ißt mit Speckgrammeln abgeschmalzene, gekochte Bohnen oder frisch gekochte heiße Erdäpfel dazu.

Ritschertsuppe

200 g Bohnen oder Erbsen
200 g Rollgerste
1 kleine, geselchte Stelze oder Ripperln
100 g Selleriewurzel
4 Blätter Lustock
etwas Gundelrebe
1 Blatt Salbei
1 l Wasser
Salz

Die Hülsenfrüchte und die Rollgerste werden über Nacht eingeweicht und mit dem Geselchten und den Kräutern halbgar gekocht. Dann gibt man die würfelig geschnittene Sellerie dazu und kocht alles gar.
Vor dem Anrichten wird das Ritschert gesalzen.

Ritschert ist eine typische Kärntner Speise für den kleinen Hunger.

Süße Rahmsuppe

3/4 l Wasser
1/2 TL Salz
1/2 TL Anis
etwas Zitronenmelisse
oder Zitronenschale
– – – – –
1/4 l süßer Rahm
40 g Mehl
2 Dotter
– – – – –
etwas Zimt

Das Wasser wird mit den Gewürzen aufgekocht. Rahm, Mehl und Dotter werden gut miteinander versprudelt und mit dem Gewürzwasser verkocht.
Beim Anrichten wird die Suppe mit etwas Zimt bestreut.

Man kann die Suppe mit Backerbsen oder mit Schnittlan auftragen.

Schwammerlsuppe

2 EL Öl
50 g Zwiebeln
250 g beliebige Pilze
1 Knoblauchzehe
1/2 TL Majoran
1 EL gehackte, grüne Petersilie
3/4 l Wasser
100 g Erdäpfel
– – – – –
1/8 l saurer Rahm
1 EL Mehl
1 TL Salz

Feingehackte Zwiebeln und Knoblauch werden im Öl hellbraun geröstet. Die Pilze werden geputzt, grob gehackt, mit Petersilie und Majoran zu den Zwiebeln gegeben und gedünstet, bis keine Flüssigkeit mehr vorhanden ist. Dann wird mit Wasser aufgegossen, die kleinwürfelig geschnittenen Erdäpfel beigefügt und alles gargekocht.

Saurer Rahm wird mit dem Mehl verrührt und mit der Suppe kurz verkocht. Am Schluß wird erst gesalzen, da die Pilze sonst zäh werden.

Fleisch- und Fischgerichte

Bohnenfleisch

400 g Bohnen
50 g Selchspeck
50 g Zwiebeln
2 Knoblauchzehen
400 g Rind- oder Schöpsenfleisch
2 EL Paradeismark
1 Prise Rosmarin
1/2 TL Bohnenkraut oder Thymian
2 Lorbeerblätter
1 TL Salz

Die Bohnen werden am Vortag eingeweicht. Kleinwürfelig geschnittener Speck, gehackte Zwiebeln und Knoblauch werden angeröstet, das großwürfelig geschnittene Fleisch dazugegeben und scharf angebraten. Dann schuttet man die Bohnen mit dem Einweichwasser dazu, gibt die Gewürze hinein und kocht alles gar.
Gesalzen wird am Schluß.

Eingemachte Suppenhenne

1 Suppenhenne
40 g Fett
– – – – –
1 TL Salz
Wasser
100 g Zwiebeln
2 Prisen Safran
– – – – –
50 g Butter
50 g Mehl
1/2 l Suppe
1 TL grüne Petersilie

Die abgehangene, zerteilte Suppenhenne wird im Rohr hellbraun gebraten. Dann kocht man sie mit Zwiebeln und Safran gar, löst das Fleisch von den Knochen und schneidet es grob auf.
Aus Butter und Mehl macht man eine Einmach, gießt sie mit Hühnersuppe auf, gibt das Fleisch dazu und läßt alles gut durchkochen. Am Schluß würzt man nach.

Man kann auch Erbsen, Karotten oder Karfiolröschen in das Eingemachte geben.

Fleischlabalan

500 g faschiertes Fleisch
50 g Selchspeck
50 g Zwiebeln
1 Knoblauchzehe
2 altbackene Semmeln
1/2 TL Majoran
1/2 TL Basilikum
1 TL Salz
1 Prise Muskat
1 TL gehackte grüne Petersilie
1 Ei
– – – – –
2 EL Öl zum Braten

Die Semmeln werden in Wasser eingeweicht, gut ausgedrückt und mit der Gabel zerkleinert. Der kleinwürfelig geschnittene Speck wird mit den gehackten Zwiebeln und Knoblauch hellbraun geröstet. Danach mischt man alle Zutaten zusammen, knetet sie gut durch und formt mittelgroße Laibchen, die man auf beiden Seiten im Öl braun brät.

Dazu schmecken alle Salate und gedünstetes Gemüse.

Gebackenes Beuschl

1/2 Schweins- oder Kalbsbeuschel
250 g Schweinsbauch
1 EL Essig
Wasser
1 TL Salz
200 g geschabte Leber
2 Semmeln
1 Ei
1 Prise Nelkenpulver
1 Prise Piment
etwas Pfeffer
1/2 TL Salz
1/2 TL Majoran
1/2 TL Basilikum
1/2 TL Zitronenmelisse
2 Knoblauchzehen
– – – – –
20 g Fett

Das Beuschel und das Fleisch werden am Vortag in gesalzenem Essigwasser gargekocht. Ausgekühlt wird beides grob faschiert. Die im Wasser eingeweichten Semmeln werden gut ausgedrückt und passiert. Dann mischt man alle Zutaten zusammen, gibt die Masse in eine befettete Kasserolle und bäckt das Beuschel bei mittlerer Hitze im Rohr ca. 1 Stunde.

Zu dieser Speise paßt gut ein Erdäpfel- oder gemischter Salat.

Gewickelter Rindsbraten

4 Rindschnitzel
100 g Selchspeck
20 Wacholderbeeren
1/2 TL Salz
1 EL Mehl
– – – – –
40 g Butter
1/2 l Rindsuppe

Die Schnitzel werden geklopft, eingeschnitten und gesalzen. Dann bestreut man sie mit würfelig geschnittenem Speck und zerdrückten Wacholderbeeren, rollt sie zusammen und bindet sie mit einem Zwirnfaden zu. Sie werden in Mehl getaucht, in Butter rundherum angebraten, mit Rindsuppe aufgegossen und ca. 1 Stunde gedünstet.
Vor dem Anrichten entfernt man die Fäden.

Man richtet sie mit gerösteten Erdäpfeln an und begießt sie mit dem Saft.

Hirsch- oder Rehschlegel

1 kg Hirsch-
oder Rehschlegel
100 g Selchspeck
1/2 TL Salz
10 Wacholderbeeren
1/2 TL Thymian
- - - - -
20 g Butter
100 g Sellerie
50 g Karotten
50 g Petersilwurzel
50 g Zwiebeln
2 Knoblauchzehen
2 Lorbeerblätter
5 Pfefferkörner
2 Pimentkörner
1/4 l Rotwein
1 EL eingekochte
Preiselbeeren
1 EL Mehl

Das abgehäutete und gut abgelegene Fleisch wird mit Speck gespickt und den Gewürzen eingerieben. Der restliche Speck und die Butter kommen in eine Pfanne und darauf wird das Fleisch angebraten. Rund um das Fleisch gibt man das feingeschnittene Wurzelwerk, die Gewürze und Preiselbeeren, gießt mit Wein auf und brät den Schlegel unter öfterem Begießen im Rohr ca. 1 1/2 Stunden.
Der Saft wird mit Mehl gestaubt, etwas vergossen, verkocht und passiert.

Zum Wildbraten ißt man am besten Blaukraut und Semmel- oder Erdäpfelknödel.
Preisbeerkompott rundet den Genuß ab.

Kärntner Schweinsbraten

700 g Schopfbraten
1 TL Salz
2 Knoblauchzehen
1 TL Thymian
1 TL Kümmel
1/4 l Wasser

Das Fleisch wird mit den Gewürzen eingerieben.
In eine Kasserolle gibt man das Wasser, legt das Fleisch hinein, und brät es zugedeckt 1 Stunde unter öfterem Begießen mit dem eigenen Saft im Rohr.

Dazu passen am besten gekochte, im Saft kurz mitgebratene Erdäpfel und Sauerkraut.

Kuttelfleck

800 g Kutteln
1 große Zwiebel
2 EL Essig
Wasser
– – – – –
2 Lorbeerblätter
einige Pfefferkörner
etwas Thymian
Lustock
grüne Petersilie
Zitronenmelisse
– – – – –
100 g Selchspeck
50 g Zwiebeln
1 Knoblauchzehe
1 EL Mehl
1 EL Paprika
1 EL Essig
3/4 l Kochsud
1/2 TL Kümmel
1/2 TL Zitronenmelisse
1 TL Salz
– – – – –
50 g geriebener Käse

Kuttelfleck kauft man geputzt und vorgekocht. Nachdem man sie gut durchgespült hat, legt man sie für einige Stunden mit Zwiebelringen in Essigwasser. Dann werden sie im Kräutersud gar gekocht. Ausgekühlt schneidet man sie feinnudelig auf.
Klein geschnittener Speck wird ausgebraten, gehackte Zwiebeln und Knoblauch darin glasig geröstet, das Mehl dazugegeben und alles gebräunt. Dann gibt man Paprikapulver dazu und löscht sofort mit Essig und dem Kochsud ab. Die Kutteln werden in der Soße gut verkocht, alles gewürzt und mit Käse bestreut serviert.

Frisch gekochte, heiße Erdäpfel sind die beste Zuspeise.

Lavanttaler Leberlan

Germteig:
300 g Weizenmehl
20 g Germ
1/2 TL Salz
1/2 TL gehackter Kümmel
gut 1/8 l Wasser oder Milch

Fülle:
200 g Lunge
200 g Schweinefleisch
100 g Herz
1 TL Salz
1 EL Essig
Wasser
– – – – –
100 g Leber
1 Ei
1/2 TL Salz
50 g Selchspeck
50 g Zwiebeln
2 Knoblauchzehen
1 TL Basilikum
1 TL Majoran
– – – – –
1 Schweinsnetz oder 50 g Fett

Aus den ersten Zutaten macht man mit aufgelöster Germ einen Teig, den man gut aufgehen läßt. Auf dem bemehlten Brett formt man eine ca. 6 cm dicke Teigrolle und schneidet sie in 2 cm dicke Scheiben, die man in der Hand auseinanderdrückt, mit kleinen Kugerln aus der Fülle belegt und zu Knödeln formt. Wenn diese eine halbe Stunde gerastet haben, überzieht man sie locker mit Schweinsnetz oder bepinselt sie allseits mit Fett. Dann setzt man sie locker nebeneinander in ein Reindl und bäckt sie nach abermaligem Aufgehen im Rohr bei mittlerer Hitze schön braun.
Fülle: Lunge, Fleisch und Herz kocht man im gesalzenen Essigwasser gar und faschiert es erkaltet. Dann mengt man die geschabte, rohe Leber, in Speck geröstete fein gehackte Zwiebeln und Knoblauch, Ei und die übrigen Gewürze dazu.

Für die **Leberlan** können auch Fleischreste und Brotteig verwendet werden. Sie schmecken warm mit Sauerkraut oder sauren Rüben, aber auch kalt als Imbiß zu Bier oder Most.

Mostbraten

750 g Rindsschlegel
1 TL Salz
1 TL Basilikum
100 g Selchspeck
100 g Zwiebeln
100 g Karotten
2 Lorbeerblätter
5 Pfefferkörner
50 g Schwarzbrot
1/2 l Most
50 g Kren

Der Speck wird kleinwürfelig geschnitten und in eine Kasserolle gestreut. Das Fleisch wird mit den Gewürzen eingerieben und auf den Speck gelegt. Zwiebelringe und Karottenscheiben streut man neben das Fleisch und brät es auf der Herdplatte rundum an. Dann gibt man Lorbeerblätter, Pfefferkörner und das aufgebröselte Brot dazu und vergießt mit Most.
Der Braten wird zugedeckt im Rohr ca. 1 Stunde gedünstet. Eine weitere 1/2 Stunde läßt man ihn abgedeckt braten, damit er Farbe bekommt. Der Saft wird passiert, mit geriebenem Kren vermischt über das aufgeschnittene Fleisch gegeben.

Dazu passen Knödel, Nudeln oder gebratene Erdäpfel und Blaukraut oder Salate.

Schöpsenbraten

1 kg Schafsschlegel
100 g Selchspeck
5 Knoblauchzehen
1 TL Salz
5 Wacholderbeeren
50 g Zwiebeln
100 g Wurzelwerk
2 Lorbeerblätter
1 Prise Rosmarin
1/2 TL Thymian
5 Pfefferkörner
5 Pimentkörner
1 EL Essig
1/8 l Wasser
1 EL Mehl

Das enthäutete Fleisch wird abwechselnd mit Speckstückchen und Knoblauchzehen gespickt und mit Salz und zerdrückten Wacholderbeeren eingerieben. Der restliche Speck wird kleingeschnitten und das Fleisch darauf rundherum angebraten. Dann gibt man das feingeschnittene Wurzelwerk, die Zwiebeln und die Gewürze dazu und gießt mit Wasser auf.

Im Rohr wird das Fleisch unter öfterem Begießen ca. 1 Stunde gebraten. Das Fleisch wird herausgenommen, aufgeschnitten und warmgestellt. Der Saft wird mit Mehl gestaubt, ein wenig vergossen, verkocht und passiert über das Fleisch gegeben.

Dazu passen gut Semmelknödel und gedünstetes Kraut oder Salate.

Schöpsenfleisch mit Knoblauch

1 kg Schöpsenschlegel
oder Rippenfleisch
10 Knoblauchzehen
1 TL Kümmel
1 TL Salz
50 g Zwiebeln
1/8 l Wasser
1 EL Mehl

Das Fleisch wird mit zerdrücktem Knoblauch, Salz und Kümmel eingerieben und in eine Kasserolle gelegt. Man bedeckt es mit Zwiebelringen, gießt das Wasser dazu und dünstet und brät es im Rohr unter öfterem Begießen ca. 1 Stunde. Am Schluß wird der Saft mit Mehl gestaubt.

Schweinsnierndln mit Hirn

4 Schweinsnieren
50 g Fett
50 g Zwiebeln
200 g Schweinshirn
1 TL Basilikum
1 TL Essig
1 TL Salz
etwas Pfeffer

Die Nieren werden der Länge nach auseinandergeschnitten, gut ausgewässert und dann blättrig aufgeschnitten. Feingehackte Zwiebeln röstet man im Fett goldbraun, gibt die Nierndln dazu und röstet sie kurz durch. Das abgehäutete Hirn wird in Stücke geschnitten, mit den Nieren durchgeröstet, die Speise gewürzt und sofort aufgetragen.

Frisch gekochte Erdäpfel oder Brot schmecken gut dazu.

Fisch mit Kräutersoße

4 mittelgroße Fische
Saft einer Zitrone
1 TL Salz
etwas Mehl
50 g Butter
– – – – –
Soße:
40 g Butter
20 g Mehl
1/4 l Rindsuppe
1 EL Estragon
1 EL Kerbelkraut
1 EL grüne Petersilie
1 EL Zitronenmelisse
4 EL saurer Rahm
1 Dotter
Salz
etwas Pfeffer

Die Fische (Forellen, Schleien, kleinere Karpfen) werden geputzt, ausgenommen, gesalzen, mit Zitronensaft beträufelt, in Mehl getaucht und in heißer Butter unter öfterem Begießen gebraten. In der Zwischenzeit macht man die Soße. Mehl wird in Butter hellbraun geröstet, mit Suppe vergossen und mit der Hälfte der Kräuter gut verkocht. Rahm und Dotter werden versprudelt, mit den restlichen Kräutern zur Soße gegeben und alles gewürzt.

Aufgetragen wird der Fisch mit Buttererdäpfeln und grünem Salat.

Gefüllter Hecht

1 Hecht
ca. 1 1/2 bis 2 kg
Saft einer Zitrone
1 Zwiebel
– – – – –
Fülle:
50 g Butter
1 1/2 harte Semmeln
1 TL Zitronenmelisse
1 TL grüne Petersilie
ca. 1/8 l saurer Rahm
Salz
– – – – –
1/2 TL Salz
50 g Butter
1 Lorbeerblatt
10 Körner Piment
1 Prise Pfeffer
etwas Thymian

Der ausgenommene, geputzte Hecht wird mit Zitronensaft beträufelt, mit Zwiebelringen belegt und für einige Stunden kaltgestellt. Dann wird er gefüllt, zugenäht, gesalzen, in die heiße Butter gelegt. Seitlich gibt man die Gewürze und brät den Fisch im Rohr unter öfterem Begießen gar. Er ist eßfertig, wenn sich die Rückenflosse leicht herausziehen läßt.
Fülle: In die flaumig gerührte Butter reibt man die Semmeln und mischt die Gewürze und den Rahm dazu.

Der Hecht wird auf eine Platte gelegt, der Saft darübergeseiht und mit kleinen gekochten Erdäpfeln und grünem Salat aufgetragen.

Zuspeisen

Gurkensalat

500 g Gurken
1/4 l saurer Rahm
2 EL Essig
1 TL Kümmel
1 TL Salz
1 Knoblauchzehe

Der saure Rahm wird in einer Schüssel mit den Gewürzen vermischt und die geschälten, blättrig geschnittenen Gurken eingemengt.

Man kann den Salat mit Paprika oder Pfeffer bestreuen oder auch gehacktes Dillkraut, Estragon oder Boretsch daruntermischen.

Rettichsalat

400 g Rettich
1 saurer Apfel
1/4 l saurer Rahm
2 EL Essig
1 TL Salz

Rettich und Apfel werden grob aufgerissen und mit den übrigen Zutaten vermischt.

Bohnensalat mit Rettich

250 g gekochte Bohnen
250 g Rettich
1 TL Salz
5 EL Öl
5 EL Essig

Der fein aufgeriebene Rettich wird mit den übrigen Zutaten vermischt und gut durchziehen gelassen.

Krautsalat

500 g Weißkraut
1 TL Salz
1 TL Kümmel
50 g Speck
4 EL Essig

Das fein aufgehobelte Kraut wird mit Salz und Kümmel gewürzt und gut durchgemischt. Der würfelig geschnittene Speck wird scharf ausgebraten, der Essig dazugegeben und alles heiß mit dem Kraut vermischt.

Eierkren

50 g Kren
1 EL Essig
4 Eier
1/4 l saurer Rahm
1 EL Öl
1/2 TL Salz

Feingeriebenen Kren läßt man mit Essig kurz ziehen. Dann mengt man die hartgekochten, gehackten Eier und die übrigen Zutaten darunter.

In Kärnten gehört der Eierkren mit Reindling und Schinken zu den üblichen Osterspeisen.

Rahmkren

50 g Kren
1 TL Essig
1/4 l saurer Rahm
1/2 TL Salz

Der feingeriebene Kren wird mit Essig kurz ziehen gelassen und dann mit Rahm und Salz vermischt.

Schmeckt gut zu gekochtem Geselchten oder Rindfleisch.

Kräutersoße

1/4 l saurer Rahm
2 EL Öl
2 Knoblauchzehen
1 EL grüne Petersilie
1 EL Schnittlauch
1/2 TL Kerbelkraut
1/2 TL Estragon
1/2 TL Salz

Der Knoblauch wird zerdrückt, die Kräuter sehr fein gehackt und alle Zutaten gut vermischt.

Diese Soße paßt zu verschiedenen Salaten, wie auch zu gekochtem oder gebratenem Fleisch oder Fisch.

Dillsoße

40 g Butter
40 g Mehl
3/8 l Rindsuppe
10 EL Dillkraut
(2 Büschel)
1/8 l saurer Rahm
etwas Salz

Aus Butter und Mehl macht man eine helle Einmach, die man mit Suppe aufgießt und gut verkochen läßt. Dann werden feingeschnittenes Dillkraut und saurer Rahm eingemengt.

Knoblauchsoße

80 g Knoblauch
1/2 l Rindsuppe
– – – – –
40 g Fett
40 g Mehl
– – – – –
etwas Salz
etwas Pfeffer
1/8 l süßer Rahm
1 Dotter

Die geschälten Knoblauchzehen werden in Rindsuppe gekocht und passiert.
Das Mehl röstet man im Fett goldbraun, gießt mit der Knoblauchsuppe auf und läßt es gut verkochen. Dotter und Rahm werden versprudelt und vor dem Auftragen in die Soße gerührt.

Zwiebelsoße

250 g Zwiebeln
40 g Fett
40 g Mehl
1 TL Salz
1 EL Essig
1/2 l Wasser

Die blättrig geschnittenen Zwiebeln werden im Fett angeröstet, das Mehl dazugegeben und alles gut gebräunt. Dann gießt man mit Wasser auf, würzt, kocht die Zwiebeln gar und passiert die Soße.

Knoblauch- und Zwiebelsoße passen gut zu gekochtem Fleisch, aber auch zu gerösteten Erdäpfeln.

Gurkensoße

500 g Gurke
40 g Butter
1 TL Mehl
1/8 l saurer Rahm
1 TL Salz
1 TL Dillkraut

Die blättrig geschnittene Gurke wird in Butter gedünstet, mit Mehl gestaubt, mit saurem Rahm und den Gewürzen einmal aufgekocht.

Erdäpfelsoß

500 g Erdäpfel
1/2 TL Basilikum
1/2 TL Majoran
1/2 TL Thymian
1/2 TL Kümmel
2 Lorbeerblätter
etwas Muskat
– – – – –
40 g Fett
40 g Mehl
1 EL Essig
1 EL Kren
1 TL Salz

Die geschälten, dickblättrig geschnittenen Erdäpfel werden mit den Gewürzen und wenig Wasser weichgekocht. Aus Fett und Mehl macht man eine braune Einbrenn, die man mit den Erdäpfeln verkochen läßt. Am Schluß wird die Soße mit Kren, Essig und Salz gewürzt. Anstelle des Krens kann man blättrig geschnittene Essiggurkerln hineingeben.

Zu gekochtem Selch- oder Rindfleisch, aber auch zu abgeschmalzenen Nudeln oder Nockalan schmeckt die Soße vorzüglich.

Knoblauchkraut

600 g Weißkraut
oder Sauerkraut
etwas Wasser
Salz
1 Lorbeerblatt
1 TL Kümmel
– – – – –
50 g Grammelfett
4 Knoblauchzehen

Das feingeschnittene Weißkraut oder das Sauerkraut wird mit den Gewürzen und etwas Wasser gedünstet. Gehackter Knoblauch wird im Grammelfett kurz erhitzt und über das Kraut gegeben.

Abgeschmalzene Erdäpfel

700 g Erdäpfel
Salzwasser
1 TL Kümmel
50 g Grammelfett
1 EL Schnittlauch

Die geschälten, geviertelten Erdäpfel werden in wenig Salzwasser mit Kümmel gedämpft. Dann übergießt man sie mit heißem Grammelfett und bestreut sie mit feingeschnittenem Schnittlauch.

Gedünsteter Kürbis

600 g Kürbis
1 TL Salz
40 g Fett
50 g Zwiebeln
1 EL Essig
1 TL Kümmel
– – – – –
1/8 l saurer Rahm
1 TL Mehl
1 TL Dillkraut

Der geschälte, entkernte Kürbis wird grob aufgeraspelt und eingesalzen. Die feingehackte Zwiebel wird im Fett hellbraun geröstet, der Kürbis und die Gewürze dazugegeben und alles gar gedünstet.
Saurer Rahm wird mit Mehl verrührt, mit dem Kürbis einmal aufgekocht und die Speise mit Dillkraut verbessert.

Kohl

400 g Kohl
200 g Erdäpfel
1 TL Kümmel
2 Knoblauchzehen
1 TL Salz
– – – – –
40 g Fett
40 g Mehl
1 TL Essig
etwas Pfeffer

Der feinnudelig geschnittene Kohl, die geschälten, geviertelten Erdäpfel und die Gewürze werden mit wenig Wasser zugestellt und alles gar gedünstet.
Das Mehl wird im Fett braun geröstet und diese Einbrenn mit dem Kohl verkocht. Dann würzt man mit Essig und Pfeffer.

Diese Speise kann zu jedem Fleisch aufgetischt werden.

Weiße Rüben

600 g weiße Rüben
40 g Fett
50 g Zwiebeln
1 EL Mehl
1 TL Zucker
1 TL Salz
1 Prise Piment
1 EL Essig
1/8 l saurer Rahm

Die Rüben werden geschält und nudelig geschnitten. Feingehackte Zwiebeln läßt man im Fett anlaufen, gibt Mehl und Zucker dazu und röstet alles braun. Dann gibt man die Rüben, die Gewürze und wenn nötig, etwas Wasser dazu und dünstet das Gemüse gar. Am Schluß wird es mit Rahm verbessert.

Auf dieselbe Art können auch saure Rüben zubereitet werden. Rüben sind eine sehr gute Beilage zu abgeschmalzenen Erdäpfeln, Fleischnudeln oder Schweinsbraten.

Knödel
und
Nockalan

Grammel- und Fleischknödel

300 g trockene Grammeln oder 300 g gekochtes, nicht zu fettes Selchfleisch
3 Eier
300 g Mehl
Milch oder Wasser nach Bedarf
1 TL Salz
— —
Salzwasser

Die Grammeln werden leicht geröstet und ausgekühlt mit Mehl, Salz, Eiern und so viel Flüssigkeit vermischt, daß sich aus dem Teig Knödel formen lassen. Der fertige Teig muß 1/2 Stunde rasten, danach formt man mit nassen Händen mittelgroße Knödel, die man in kochendes Salzwasser einlegt und 15 Minuten ziehen läßt.

Fleischknödel werden gleich zubereitet. Dazu wird das Fleisch grob faschiert oder kleinwürfelig geschnitten. Es wird vorher nicht angeröstet.
Zu diesen Knödeln ißt man Sauerkraut, Rüben, Salate oder Erdäpfelsoß.

Semmelknödel

200 g Knödelbrot oder
4 altbackene Semmeln
50 g Fett
50 g Zwiebeln
1 TL grüne Petersilie
1 TL Selleriegrün
4 EL Mehl
1 TL Salz
ca. 1/4 l Milch
2 Eier
– – – – –
Salzwasser

Feingehackte Zwiebeln röstet man im Fett goldbraun, gibt die kleingeschnittenen Kräuter dazu und läßt sie einmal aufschäumen. Die Semmelwürfel werden in einer Schüssel mit Mehl, Salz und Zwiebeln gut vermengt. Die Milch wird mit den Eiern versprudelt, darübergeschüttet, eingerührt und die Masse stehen gelassen. Mit nassen Händen formt man 8 Knödel, die man in reichlich kochendes Salzwasser einlegt und 10 Minuten ziehen läßt.

Speckknödel

Man nimmt dafür dieselben Zutaten wie für die Semmelknödel. Dazu kommen noch 200 g Selchspeck, der würfelig geschnitten und scharf abgebraten mit den gerösteten Zwiebeln zum Knödelbrot gegeben wird.

Erdäpfelknödel

500 g Erdäpfel
1 TL Salz
1/2 TL Muskat
1/2 TL Kümmelpulver
30 g Fett
50 g Grieß
100 g griffiges Mehl
1 Ei
– – – – –
Salzwasser

Die in der Schale gekochten Erdäpfel werden heiß geschält und durchgepreßt. Dann werden sie mit den Gewürzen und dem Grieß bestreut. Wenn sie kalt sind, mengt man das Mehl locker darunter, schlägt das Ei darauf und knetet den Teig rasch zusammen. Sofort formt man 8 Knödel, die man in reichlich kochendes Salzwasser einlegt und 10 Minuten ziehen läßt.

Man kann diese Knödel auch mit gekochtem, gehacktem Selchfleisch, Fleischresten oder Grammeln füllen.
Läßt man Kümmel und Muskat weg, dann kann dieser Teig auch als Hülle für Obstknödel (Zwetschken, Marillen, Apfelstückchen oder Schwarzbeeren) verwendet werden.

Topfenknödel

250 g Topfen
2 Eier
2 altbackene Semmeln
100 g Grieß
1 TL Salz
– – – – –
andere Art:
dieselben Zutaten
wie oben, dazu
100 g Selchspeck
1 EL Schnittlauch
etwas Muskat
– – – – –
Salzwasser

Die in Wasser eingeweichten, gut ausgedrückten, passierten Semmeln werden mit den übrigen Zutaten vermischt. Die Masse läßt man ca. 1/2 Stunde durchziehen, formt mittelgroße Knödel, die man in kochendes Salzwasser einlegt und 10 Minuten ziehen läßt.
Bereitet man die andere Art, dann rührt man würfelig geschnittenen, scharf abgebratenen Selchspeck, gehackten Schnittlauch und Muskat in die Knödelmasse.

Man kann die Knödel süß, mit Zwetschkenpfeffer oder Kompott, oder gesalzen, mit Gemüsen, Sauerkraut oder Salaten essen.

Geröstete Knödel

Übriggebliebene kalte Knödel schneidet man dünnblättrig auf, röstet sie am besten in Grammelfett an, schlägt Eier darüber, die man stocken läßt und streut feingehackte grüne Petersilie oder Schnittlauch darauf. Dazu ißt man Salat.

Apfelknödel

500 g Äpfel
1 TL Salz
1 Ei
150 g Mehl
– – – – –
Salzwasser
– – – – –
50 g Butter
50 g Zucker
1 TL Zimt

Die geschälten, kleinwürfelig geschnittenen Äpfel werden mit Salz, Ei und Mehl gut vermengt und läßt die Masse ca. 1 Stunde durchziehen. Dann formt man kleine Knödel, die man in kochendes Salzwasser einlegt und 10 Minuten ziehen läßt. Sie werden mit zerlassener Butter, Zimt und Zucker aufgetischt.

Nockalan

250 g griffiges Mehl
1 TL Salz
1 Ei
ca. 1/4 l Milch
oder Wasser
– – – – –
Salzwasser

Man vermischt alle Zutaten zu einem Teig. Daraus sticht man mit einem Kaffeelöffel kleine Nockerln ab, die man in kochendes Salzwasser einlegt und ca. 5 Minuten kocht.

Nockalan sind eine gute Beilage zu Fleisch- oder Gemüsespeisen und zur Erdäpfelsoß. Mit Grammeln oder gerösteten Zwiebeln abgeschmalzen, schmecken sie gut zu Salaten.

Topfennockalan

150 g Bröseltopfen
250 g Mehl
2 Eier
1 TL Salz
ca. 1/8 l Milch
– – – – –
Salzwasser
– – – – –
50 g Butter
oder Grammelfett

Der Topfen wird aufgebröselt und mit den anderen Zutaten zu einem Nockerlteig verarbeitet. Mit einem Eßlöffel sticht man Nockerln ab, die man in kochendes Salzwasser einlegt und 5 Minuten ziehen läßt.
Herausgenommen schmalzt man sie ab und ißt sie zu Kompott, Gemüsen oder Salaten.

Sterz und Schmarrn

Türkensterz

400 g Maisgrieß
3/4 l Wasser
1 TL Salz
– – – – –
50 g Butter
oder Grammelschmalz

In das kochende Salzwasser rührt man das Sterzmehl langsam ein und läßt die Speise 1/2 Stunde bei schwacher Hitze ausdünsten. Dann wird der Sterz mit einer Gabel krümelig aufgelockert und mit zerlassenem Fett übergossen.

Hadnsterz

400 g Heidenmehl
1/2 l Wasser
1 TL Salz
– – – – –
50 g Butter
oder Grammelschmalz

Das Heidenmehl wird bei schwacher Hitze so lange trocken geröstet, bis kein Wasserdampf mehr aufsteigt. In einem Topf bringt man das Salzwasser zum Sieden, schüttet das Mehl auf einmal dazu und läßt es kurz überkochen. Dann wird der Sterz mit der Gabel aufgelockert und mit dem heißen Fett übergossen, aufgetragen.

Erdäpfelsterz

500 g Erdäpfel
1 TL Salz
Wasser
100 g Mehl
– – – – –
50 g Butter
oder Grammelfett

Die geschälten, in Würfel geschnittenen Erdäpfel werden in wenig Salzwasser kernig weich gekocht. Dann schüttet man die Hälfte des Kochwassers ab, gibt das Mehl über die Erdäpfel und läßt alles bei schwacher Hitze noch 10 Minuten dünsten. Mit einer Gabel rührt man alles gut durch. Meist muß man noch einen Teil des abgeschütteten Kochwassers zugeben. Vor dem Auftragen wird der Sterz abgeschmalzen.

Man kann für diesen Sterz Weizen-, Gersten- oder Heidenmehl nehmen.
Gut schmeckt er mit geriebenem Mohn und etwas Zucker bestreut. Aber auch geröstete Zwiebeln oder geriebener Hartkäse sind eine gute Geschmacksverbesserung. Dazu ißt man süße oder saure Milch, Kompott oder Salat.

Metnitztaler Schmalzmuas

Reibgerstlteig:
200 g Mehl
1/2 TL Salz
1 Ei
2 EL süßer Rahm
– – – – –
1/2 l Milch
1/2 TL Salz
100 g Butter
100 g Weinbeeren
50 g Zucker
Zimt

Mehl, Salz, Ei und Rahm mischt man zusammen und knetet den Teig gut durch. Dann reibt man ihn zu grobem Reibgerstl auf oder hackt ihn mit dem Messer fein und läßt ihn übertrocknen.

Milch, Salz und Butter kocht man in einer weiten Kasserolle auf, rührt das Gerstl ein und läßt es ca. 1 Stunde zugedeckt bei schwacher Hitze ausdünsten. Nach einer halben Stunde mengt man mit einer Gabel die Hälfte des Zuckers und die Weinbeeren darunter. Das Muas ist fertig, wenn die ganze Flüssigkeit verdunstet ist. Mit Zucker und Zimt bestreut wird es angerichtet.

Schmalzmuas ist eine ausgesprochene Kirchtagsspeise. Man trinkt Milchkaffee dazu.

Apfelschmarrn

3 Eidotter
1/4 l Milch
300 g Mehl
1 TL Salz
2 EL Zucker
400 g Äpfel
3 Eiklar Schnee
– – – – –
50 g Butterschmalz
Zucker und Zimt
zum Bestreuen

Dotter, Milch, Mehl und die Gewürze werden glatt verrührt, die geschälten, roh geriebenen Äpfel und der Eischnee untergezogen.
In einer Kasserolle läßt man das Schmalz heiß werden, gießt die Masse hinein und bäckt sie zugedeckt auf der Herdplatte auf beiden Seiten knusprig braun.
Vor dem Anrichten wird der Schmarrn mit zwei Gabeln in kleine Stücke zerrissen und mit Zimt und Zucker bestreut.

Eierschmarrn

Pro Person braucht man:
2 Eiklar Schnee
2 Prisen Salz
2 Eidotter
1 EL Rahm
süß oder sauer
1 TL Zucker
1 EL Mehl
– – – – –
1 EL Butterschmalz

In den gesalzenen Eischnee zieht man die anderen Zutaten vorsichtig ein. Das Schmalz läßt man in einem kleinen Reindl heiß werden, gießt die Masse hinein und bäckt sie zugedeckt bei nicht zu starker Hitze auf der Herdplatte auf beiden Seiten knusprig goldbraun. Dann stürzt man den Schmarrn auf einen Teller und bestreut ihn mit Zucker und Zimt oder geriebenem Mohn.

Nudeln
und
Strudel

Gefüllte Nudeln

Die Zutaten reichen für 16 mittelgroße Nudeln

Nudelteig:
250 g glattes Mehl
1 TL Salz
1 Ei
6–8 EL Milch oder Wasser

Mehl, Salz, Flüssigkeit und Ei werden vermischt und zu einem glatten, nicht zu festen Nudelteig verknetet, den man mindestens 1 Stunde rasten läßt. Dann rollt man ihn messerrückendick aus, belegt ihn in regelmäßigen Abständen mit den Füllekugerln, und schlägt so viel Teil darüber, daß die Kugerln bedeckt sind und rundherum noch ein 1 cm breiter Rand bleibt. Die Ränder werden gut zusammengedrückt und die Nudeln herausgeradelt. Man kann die Teigränder auch mit Daumen und Zeigefinger so zusammenpressen, daß ein zackenartiger Rand entsteht („krendln"). Wenn alle Nudeln fertig sind, werden sie in reichlich kochendes Salzwasser eingelegt und 10 Minuten ziehen gelassen. Angerichtet werden sie mit Butterschmalz oder Grammelfett übergossen.

Zu den gefüllten Nudeln ißt man grünen Salat oder Krautsalat.
Die Kärntner Kasnudeln schmecken aber auch mit Apfelmus sehr gut.

Kärntner Kasnudeln

1. Topfen-Erdäpfelfülle

500 g Erdäpfel
500 g Bröseltopfen
1 TL Salz
50 g Butter
50 g Zwiebeln
1 Knoblauchzehe
je 1/2 TL braune Minze, Kerbelkraut, grüne Petersilie, Majoran

Die Erdäpfel werden in der Schale gekocht, heiß geschält und aufgepreßt. Feingehackte Zwiebeln und Knoblauch werden in Butter goldbraun geröstet. Dann mengt man den Topfen, Salz und die feingehackten Kräuter dazu, knetet alles gut durch und formt Kugerln in der gewünschten Größe.

2. Topfen-Semmelfülle

2 altbackene Semmeln
500 g Topfen
1 Ei
etwas Milch
Gewürze wie bei Nr. 1

Die Semmeln werden kleinwürfelig geschnitten und mit Milch etwas angefeuchtet. Dann gibt man alle übrigen Zutaten dazu und verfährt wie bei Nr. 1.

3. Topfen-Breinfülle

200 g Hirse (Brein)
3/4 l Wasser
1 TL Salz
500 g Topfen
Gewürze wie bei Nr. 1

Der Brein wird in Salzwasser kernig weich gekocht, in ein Sieb geschüttet und gut abtropfen gelassen. Die weitere Zubereitung ist wie bei Fülle Nr. 1.

Kletzen- und Obstnudeln

Kletzenfülle

500 g Kletzen
1 l Wasser
500 g Topfen
2 Prisen Salz
1/2 TL Zimt
1 Prise Nelkenpulver
1 EL Honig

Die Dörrbirnen werden tags zuvor in Wasser eingeweicht. Dann kocht man sie weich und läßt sie gut abtropfen. Stiele und Blütenreste werden entfernt und die Kletzen durch den Fleischwolf faschiert oder fein gehackt. Mit den übrigen Zutaten werden sie zusammengeknetet und Kugerln geformt.

Andere Fruchtfüllen

500 g geschälte, grob aufgeriebene Äpfel oder
500 g Schwarzbeeren
250 g Bröseltopfen
200 g Semmelbrösel
50 g Zucker oder
2 EL Honig
1 TL Zimt
1 Prise Nelkenpulver

Alle Zutaten werden gut miteinander vermischt. Kugerln kann man keine daraus formen, deshalb setzt man die Fülle mit einem Löffel auf den vorbereiteten Teig.

Nudeln mit süßer Fülle werden mit Butter abgeschmalzen und eventuell mit Zucker und Zimt bestreut. Man ißt grünen Salat oder trinkt Milch dazu.

Fleischnudeln

Fleisch- oder Grammelfülle

300 g mageres, gekochtes Selchfleisch
200 g faschiertes Fleisch
ca. 150 g Brösel
50 g Fett
50 g Zwiebeln
2 Knoblauchzehen
je 1/2 TL Basilikum, Majoran, grüne Petersilie, Salz
etwas Lustock
1–2 Eier

Die gehackten Zwiebeln und Knoblauch läßt man im Fett anlaufen, gibt das faschierte Fleisch dazu und röstet alles gut durch. Das Selchfleisch wird faschiert oder fein aufgehackt und mit den übrigen Zutaten dazugegeben. Brösel gibt man nur so viel, daß die Masse bindet. Aus dieser Fülle formt man Kugerln und verarbeitet sie wie für die anderen gefüllten Nudeln.

Statt Fleisch kann man auch 500 g trockene Grammeln nehmen, die man leicht anröstet. Die übrigen Zutaten und die Zubereitung bleiben gleich. Sollte diese Fülle zu trocken sein, dann feuchtet man die Brösel mit etwas Suppe oder Wasser an.
Diese Nudeln schmecken ausgezeichnet in klarer Suppe, mit Sauerkraut, sauren Rüben oder mit Salaten.

Lavanttaler Hadnnudeln

Nudelteig:
250 g glattes Mehl
1 TL Salz
1 Ei
6–8 EL Milch
oder Wasser

Man macht einen Nudelteig wie für die gefüllten Nudeln, teilt ihn in zwei Teile, die man kreisrund ausrollt. Diese Teigflecken bestreicht man mit der Fülle. In der Mitte schneidet man ein handlanges Kreuz ein und rollt alle 4 Ecken nach außen ein. Die Ränder bestreicht man mit Eiklar und drückt sie gut zusammen. Diese Rolle wird in ca. 10 cm lange Stücke geteilt, die man in reichlich kochendes Salzwasser einlegt und ca. 20 Minuten ziehen läßt. Nach dem Herausnehmen schneidet man sie in 2 cm breite Stücke, die man mit Butter oder Grammelfett abschmalzt.

Fülle:
400 g Heidenmehl
20 g Germ
1 EL Zucker
2 EL Milch
1 TL Salz
ca. 1/4 l süßer oder
saurer Rahm

Das Mehl wird bei schwacher Hitze geröstet, bis kein Wasserdampf mehr aufsteigt. Die Germ wird mit Zucker und Milch abgerührt und mit dem erkalteten Mehl und den anderen Zutaten zu einer streichfähigen Masse verrührt.

Zu diesen Nudeln kann man süße oder saure Milch, aber auch Salate oder Gemüse essen.

Erdäpfelnudeln

500 g gekochte, kalt aufgeriebene Erdäpfel
50 g trockene Grammeln
200 g griffiges Mehl
1 TL Salz
etwas Muskat
1 Ei
– – – – –
Salzwasser
– – – – –
50 g Butter
100 g Bröseltopfen
1 EL Schnittlauch

Die Erdäpfel werden mit den übrigen Zutaten vermischt und rasch zusammengeknetet. Aus dem Teig macht man eine Rolle, schneidet Stücke ab und formt fingerlange, ca. 1 1/2 cm dicke Röllchen. Diese legt man in reichlich kochendes Salzwasser ein und läßt sie bis zum Aufsteigen ziehen.
Herausgenommen übergießt man sie mit heißer Butter und bestreut sie mit Topfen und gehacktem Schnittlauch.

Dazu schmecken am besten verschiedene Salate. Will man die Nudeln süß, dann gibt man nur Butter, Zucker und Zimt oder geriebenen Mohn darauf und dazu Apfelmus.

Apfelstrudel

Strudelteig:
200 g glattes Mehl
1 TL Salz
1 EL Öl
1/2 TL Essig
ca. 1/8 l lauwarmes Wasser

Das Mehl wird in eine Schüssel gegeben und mit den anderen Zutaten zu einem weichen Teig verrührt. Anschließend wird er so lange geknetet, bis er seidig und glatt ist. Dann legt man den Teig auf einen bemehlten Teller, bestreicht ihn mit Öl und läßt ihn mit einer warmen Schüssel bedeckt, eine halbe Stunde rasten.

Auf einem bemehlten Tuch wird der Teig ganz dünn ausgezogen. 3/4 des Teiges werden mit Fülle belegt, das restliche Viertel mit zerlassenem Fett betropft und der Strudel von der gefüllten Seite her eingerollt. Die seitlichen Ränder werden vorher eingeschlagen. Der Strudel wird aufs befettete Blech gelegt, mit Fett bestrichen und bei mittlerer Hitze, je nach Dicke, 1/2 bis 1 Stunde gebacken. Während des Backens wird er öfter mit Fett bestrichen, damit er knusprig wird.

Fülle:
100 g Butter
100 g Brösel
– – – – –
1 kg Äpfel
80 g Zucker
1 TL Zimt
50 g Rosinen
– – – – –
50 g Butter oder anderes Fett zum Bestreichen

Die Brösel werden in der Butter hellbraun geröstet, die Äpfel geschält und dünnblättrig aufgeschnitten.
Auf den ausgezogenen Strudelteig streut man zuerst die gerösteten Brösel, dann die Äpfel, Zucker und Zimt und als letztes die Rosinen.

Zwetschkenstrudel

Strudelteig:

Mengen und Zubereitung wie für den Apfelstrudel.

Fülle:
50 g Butter
50 g Brösel
50 g geriebener Mohn
– – – – –
1 kg Zwetschken entsteint, halbiert
100 g Zucker
1 TL Zimt

Butter und Brösel werden kurz geröstet und ausgekühlt mit dem Mohn vermischt. Diese Mischung kommt zuerst auf den Strudelteig, dann Zwetschken, Zucker und Zimt.

Eine typisch kärntnerische Kostzusammenstellung ist Gemüse- oder Erdäpfelsuppe, dann Apfelstrudel oder Zwetschkenstrudel.

Erdäpfelstrudel

Strudelteig:

Mengen und Zubereitung wie für den Apfelstrudel.

Fülle:
500 g Erdäpfel gekocht, gerieben
50 g Fett
50 g Zwiebeln
1 Knoblauchzehe
2 Eier
1 TL Salz
je 1 TL gehackte grüne Petersilie und Schnittlauch
1 Prise Muskat
– – – – –
250 g Selchfleisch gekocht oder Fleischreste

Gehackte Zwiebeln und Knoblauch werden hellbraun geröstet. In einer Schüssel werden die Erdäpfel mit allen Gewürzen, Zwiebeln und Eiern gut verrührt.
Diese Masse streicht man auf den Strudelteig, bestreut mit dem feingehackten Fleisch und macht den Strudel wie den Apfelstrudel fertig.

Zum Erdäpfelstrudel kann man Salate essen. Sehr gut schmeckt auch Spinat dazu.

Kräuterstrudel

Strudelteig:

Mengen und Zubereitung wie für den Apfelstrudel.

Fülle:
4 altbackene Semmeln
1/4 l saurer Rahm
1/4 l Milch
1 TL Salz
4 Eier
je 5 EL gehackten
Estragon,
Schnittlauch,
Kerbelkraut

Die Semmeln werden feinblättrig geschnitten und in einer Schüssel gut mit Rahm, Milch, Salz und den versprudelten Eiern vermischt. Sollte die Masse nach dem Durchziehen (ca. 1/2 Stunde) zu fest sein, gibt man noch etwas Milch dazu. Dann streicht man sie auf den Strudelteig, bestreut mit den Kräutern und macht den Strudel wie den Apfelstrudel fertig.

In ca. 3 cm breite Stücke geschnitten, ist dieser Strudel auch eine vorzügliche Einlage für eine klare Suppe. Sonst wird er mit Salaten gegessen.

Kleine Imbisse

Saure Knödel

Dafür werden übriggebliebene kalte Knödel dünnblättrig aufgeschnitten, mit reichlich Zwiebelringen belegt und mit Essig, Öl, Salz und Pfeffer mariniert. Die Speise schmeckt besser, wenn man sie 1/2 Stunde durchziehen läßt.

Saurer Schottn

500 g schnittfester Topfen
50 g Zwiebeln
1 TL Salz
3 EL Öl
6 EL Essig

Der in 1/2 cm dicke Scheiben geschnittene Topfen wird in eine flache Schüssel gelegt, mit Zwiebelringen bedeckt und mariniert. Er soll ein bißchen durchziehen.

Zwiebelsalat

400 g Zwiebeln
2 EL Essig
1 TL Salz
1/4 l saurer Rahm

Die ringelig geschnittenen Zwiebeln werden mit Salz und Essig vermischt und ca. 10 Minuten stehen gelassen. Dadurch verlieren sie etwas von ihrer Schärfe. Dann vermengt man sie mit Rahm.

Mit einem Stück Schwarzbrot ist dieser Salat ein köstlicher Imbiß.

Gurkenmilch

3/4 l saure Milch
1/4 l saurer Rahm
300 g Gurke
1 TL Salz
1/2 TL Kümmel
1 TL Dillkraut
2 Knoblauchzehen

Die Gurke wird geschält, wegen der leichteren Verdauung grob aufgerieben und mit den Gewürzen vermischt. Dann mengt man Milch und Rahm darunter.

Mit frisch gekochten, heißen Erdäpfeln oder einem Stück Schwarzbrot ist dies an heißen Sommertagen eine erfrischende Speise.

Knoblauchtopfen

300 g Topfen
1/4 l saurer Rahm
3 Knoblauchzehen
1/2 TL Salz
– – – – –
1 EL Schnittlauch

Der fein aufgebröselte Topfen wird mit den übrigen Zutaten verrührt und mit Schnittlauch bestreut.

Mit einem Stück Schwarzbrot oder frisch gekochten, heißen Erdäpfeln ist dies ein schmackhaftes Nachtmahl.

Glundner Kas

1 kg trockener Topfen
100 g Butter
1 TL Salz
1 EL Kümmel
etwas Pfeffer
– – – – –
200 g Topfen

Der aufgebröselte Topfen wird in einem flachen Gefäß 2 cm hoch ausgebreitet, fliegensicher abgedeckt und bei Zimmertemperatur zum Reifen gestellt. Er wird einige Male aufgelockert. Wenn er glasig ist, wird er in eine Pfanne zur zerlassenen Butter gegeben und unter ständigem Rühren zum Schmelzen gebracht. Dann wird er mit den Gewürzen und dem frischen Topfen vermischt. Den Käse leert man in ein glattes Gefäß und läßt ihn erstarren.

Glundner Kas gehört zu jeder Kärntner Brettljausn.

Resches Ei

Pro Person
nimmt man:
2 Eier
etwas Salz
1 TL Mehl
etwas Zitronenmelisse
– – – – –
Backschmalz
– – – – –
Zucker
und Zimt

Alle Zutaten werden in einem Schnabeltopf sehr gut versprudelt. In einer flachen Rein läßt man das Backschmalz heiß werden. Die Eiermasse wird in dünnen Fäden rund zu einer Platte eingegossen und goldbraun knusprig gebacken. Mit Zucker und Zimt bestreut schmeckt es ausgezeichnet zu Glühmost oder Milch.

Kräutlach Ei

Man nimmt dieselben Zutaten wie für das resche Ei. In die Eiermasse mengt man noch 1 EL frische oder 1 TL trockene Kräuter. Majoran, Kamille, Zitronenmelisse, Thymian und Fenchel sollten es sein, um den richtigen Geschmack zu bekommen.

Reindling, Schmalzgebackenes
und
andere süße Speisen

Wie man einen Germteig zubereitet

Das Dampfl oder die Gärprobe wird zuerst gemacht. Dazu wird die Germ mit 2 EL warmer Milch oder Wasser, 1 TL Zucker und 1 EL Mehl gut verrührt und an einem warmen Ort zu doppelter Höhe aufgehen gelassen. Das Mehl wird mit Zucker, Salz und den Gewürzen in eine genügend große Schüssel gegeben. Das Fett wird zerlassen, die Milch dazugegeben und die Eier darin versprudelt. Wenn das alles vorbereitet ist, rührt man zuerst das Dampfl und dann die Flüssigkeit ins Mehl und schlägt den Teig so lange, bis er glatt ist und sich vom Kochlöffel löst. Der Teig wird nun mit Mehl leicht bedeckt, ein Tuch darübergebreitet und an einer handwarmen Stelle bis zu doppelter Höhe aufgehen gelassen.
Bevor man den Teig ausformt, knetet man ihn auf dem bemehlten Brett noch gut durch. Dadurch wird das Gebäck feinporig. Dann legt man ihn in eine gut befettete Backform. Man kann das Gebäck ins kalte Backrohr schieben und auf mittlere Hitze einstellen, oder man läßt es nochmals gehen und schiebt es ins heiße Rohr. Für hohe Gebäcke empfiehlt sich die erste Art, für flache die zweite.

Reindling

500 g Mehl
20 g Germ
50–100 g Butter
1/4 l Milch
1–2 Eier
50 g Zucker
1 TL Salz
1 TL Anis

Fülle:
50 g Butter
100 g Zucker
2 EL Zimt
100 g Rosinen
– – – – –
50 g Butterschmalz für die Form

Wenn der Germteig aufgegangen ist, wird er gut durchgeknetet und 1 cm dick ausgerollt.
Nun wird der Teig mit zerlassener Butter bestrichen und mit Zucker, Zimt und Rosinen bestreut. Dann rollt man den Teig fest ein und gibt ihn in ein befettetes, mittelgroßes Reindl oder in eine Guglhupfform. Er wird bei 150° gebacken. Nachdem er überkühlt ist, wird er aus der Form gestürzt.

Zu Ostern ißt man Reindling mit Schinken und Eierkren. Sonst ist er ein beliebtes Frühstücks- und Jausengebäck zum Milchkaffee.

Nuß- oder Mohnpotize

Teigzutaten wie für den Reindling.

Fülle:
1/8 l Milch
5 EL Honig oder
100 g Zucker
400 g geriebener
Mohn oder Walnüsse
1 TL Zimt
1 Prise Nelkenpulver
1 EL Rum
50 g Rosinen
2 EL Semmelbrösel
– – – – –
50 g Butterschmalz
für die Form

Für die Fülle wird Milch mit Honig oder Zucker und die Nüsse oder der Mohn einmal aufgekocht. Dann rührt man die anderen Zutaten hinein. Die Fülle wird noch lauwarm auf den 1 cm dick ausgewalkten Teig gestrichen. Dann rollt man ihn von zwei Seiten zur Mitte hin zusammen. Die Rolle kommt in eine gut befettete Kasten- oder Gugelhupfform und wird wie der Reindling gebacken.

Zwetschken- oder Schwarzbeerfleck

Teigzutaten wie für den Reindling.

Zum Belegen:
1 kg Zwetschken halbiert und entsteint oder
1 l Schwarzbeeren

– – – – –

50 g Butterschmalz für das Blech

– – – – –

100 g Zucker

Der gegangene, gut durchgeknetete Germteig wird in der Größe eines Backbleches ausgerollt. Man gibt ihn aufs befettete Blech, belegt ihn mit den Zwetschken (die Schnittfläche nach oben) oder den Schwarzbeeren und läßt ihn aufgehen. Das Rohr wird auf 100° vorgeheizt und der Kuchen bei 180° gebacken.
Bevor er ganz fertig ist, streut man den Zucker darüber.

Milchbrot oder Wazanes

500 g Mehl
20 g Germ
30 g Butter
1/4 l Milch
1 Ei
1 TL Salz
1 TL Anis
– – – – –
20 g Butterschmalz für die Form

Aus diesen Zutaten macht man einen Germteig, den man nach dem Aufgehen und Durchkneten 5 cm hoch in eine Kastenform füllt. Nach nochmaligem Aufgehen bäckt man ihn bei 180°.

Wazanes ißt man zu Wurst oder Selchfleisch. Man macht auch die Schnittlan daraus.

Krapfen

500 g griffiges Mehl
30 g Germ
60 g Zucker
1 TL Salz
60 g Butter
gut 1/4 l Milch
2 EL Rum
2 Eidotter
– – – – –
Backschmalz
Zucker
zum Bestreuen

Das Mehl wird vorgewärmt und mit den anderen Zutaten vermischt zu einem weichen Germteig verarbeitet. Wenn er doppelt so hoch aufgegangen ist, wird er am vorgewärmten, gut gemehlten Brett locker, gut fingerdick, ausgerollt. Dann sticht man Scheiben von 6–8 cm Durchmesser aus, die man zugedeckt an einem warmen Ort nochmals gehen läßt. Während des Gehens dreht man die Krapfen mehrmals um. Das Schmalz wird in einer nicht zu großen Pfanne erhitzt, die Krapfen mit der oberen Seite hineingelegt und zugedeckt goldbraun gebacken. Dann dreht man sie um und bäckt sie ohne Deckel auf der zweiten Seite. Nach dem Abtropfen werden sie bezuckert.

Wichtig: Zum Krapfenbacken braucht man genügend Zeit und einen warmen Raum. Der Teig darf nicht zu fest sein. Die Temperatur des Backschmalzes ist richtig, wenn es weiß und kleinblasig schäumt sobald man ein Teigstück einlegt. Es ist einfacher, in die fertigen Krapfen mit einer Spritze Marmelade einzufüllen, da vor dem Backen gefüllte Krapfen leicht einseitig werden.

Vögalan

500 g Mehl
30 g Germ
40 g Zucker
1 TL Salz
50 g Butter
1/4 l Milch
2 Eier
2 EL Rum
100 g Weinbeeren
– – – – –
Backfett

Aus den Zutaten macht man einen weicheren Germteig. Wenn er gut aufgegangen ist, sticht man mit einem Eßlöffel Nockerln aus, die man in mäßig heißem Fett goldbraun bäckt.

Dazu ißt man Kompott oder Milchkaffee.

Erdäpfelkrapfen

300 g Erdäpfel
gekocht, gerieben
300 g Mehl
30 g Germ
1 TL Salz
gut 1/8 l Milch
2 Eier
– – – – –
Backfett

Aus den Zutaten macht man einen Germteig, den man gut gehen läßt. Dann sticht man mit einem Eßlöffel Nockerln ab, die man wie die Vögalan bäckt.

Man kann sie zu Kraut und Gemüsen oder auch mit Zucker und Zimt bestreut mit Milch oder Kompott essen.

Gebackene Hollerstrauben

8 mittelgroße, frische Holunderblüten

Backteig:
1/4 l Milch oder Most
2 Eier
1 EL Rum
1/2 TL Salz
200 g glattes Mehl
– – – – –
Backschmalz
– – – – –
Zucker und Zimt zum Bestreuen

Die Flüssigkeit wird mit Eiern, Rum und Salz gut versprudelt und das Mehl langsam eingerührt. Der Teig soll eine halbe Stunde rasten.
An den Holunderblüten läßt man einen kurzen Stiel zum Festhalten. Man taucht sie ganz in den Backteig, läßt sie ein wenig abtropfen und drückt sie so ins heiße Backfett, daß sie auf die ursprüngliche Größe auseinandergehen. Goldgelb gebacken läßt man sie in einem Sieb abtropfen und bringt sie mit Zucker und Zimt bestreut zu Tisch.
Dazu trinkt man Milch.

Schottraunkn

20 g Germ
2 EL Milch
1 TL Zucker
250 g Mehl
250 g Bröseltopfen
2 Eier
1 TL Salz
ca. 1/4 l Milch
– – – – –
Backschmalz

Germ rührt man mit Milch und Zucker ab. Der Topfen wird ins Mehl passiert und alle Zutaten vermischt zu einem Germteig abgeschlagen. Nachdem er doppelt so hoch aufgegangen ist, sticht man mit dem Eßlöffel mittelgroße Kugerln aus dem Teig, die man ins heiße Backschmalz einlegt und rundum goldbraun bäckt.

Sauerkraut, Salate oder Kompotte schmecken dazu.

Polsterzipfl oder Scheadlan

300 g glattes Mehl
30 g Butter
ca. 1/8 l Milch
1/2 TL Salz
1 EL Zucker
1 EL Rum
1 Ei
– – – – –
Backfett

Die Butter wird zerlassen, die Milch dazugegeben und alles auf ca. 30° erwärmt. Salz, Zucker, Rum und Ei werden in der Flüssigkeit versprudelt, alles in das Mehl eingerührt und zu einem glatten Teig verknetet, den man ca. 1 Stunde rasten läßt. Den Teig rollt man ca. 3 mm dick aus, radelt ihn zu verschobenen Rechtecken aus, die man in heißem Fett goldbraun bäckt.

Man ißt die Scheadlan zur Erdäpfelsuppe, Erdäpfelsoß, Sauerkraut oder mit Apfelkoch oder Schwarzbeerkompott.

Gstandne Milch

1 l Milch
etwas Salz
2 EL Zucker
3 Eidotter
50 g Mehl
– – – – –
Zucker und Zimt zum Bestreuen

Drei Viertel der Milch werden mit Salz und Zucker aufgekocht. Das andere Viertel wird mit Dottern und Mehl gut versprudelt, in die kochende Milch geschüttet und unter ständigem Rühren 5 Minuten verkocht. Dann wird die Speise in Schüsserln abgefüllt und gut gekühlt. Vor dem Auftragen wird sie mit Zucker und Zimt bestreut.

Schnittlan

250 g Milchbrot
1/4 l Milch
3 Eier
1/2 TL Salz
– – – – –
Backschmalz
– – – – –
Zucker und Zimt

Altbackenes Milchbrot wird in 1/2 cm dicke Scheiben geschnitten, die man in das gut versprudelte Milch-Eiergemisch taucht und aus heißem Backschmalz goldbraun herausbäckt.
Noch heiß werden sie mit einem Gemisch von Zimt und Zucker bestreut.

Zu Milch oder Glühmost schmecken die Schnittlan sehr gut.

Zwetschken- oder Kletzenpfeffer

500 g Dörrzwetschken oder Dörrbirnen
1 Zimtrinde
10 Nelken
2 EL Rum
1/2 l Wasser

Über Nacht weicht man die Trockenfrüchte ein und kocht sie dann mit den Gewürzen weich. Kerne oder Stiele und Blütenreste werden entfernt und die Früchte fein gehackt oder faschiert mit dem Kochwasser und dem Rum vermischt.

Bratäpfel

4–8 Äpfel

Fülle:
50 g gehackte Nüsse
100 g Preiselbeermarmelade
– – – – –
20 g Butter
1/8 l süßer Rahm
– – – – –
Zucker und Zimt

Aus den gewaschenen Äpfeln entfernt man das Kernhaus. Nüsse und Preiselbeeren werden vermischt und in den Hohlraum eingefüllt. Die Äpfel setzt man in eine bebutterte Kasserolle, übergießt sie mit Rahm und brät sie im Rohr bei guter Hitze. Mit Zucker und Zimt bestreut bringt man sie zu Tisch.

Drautaler Birnen

4 große Birnen
20 g Butter
Saft einer Zitrone
1/2 l Süßmost oder
1/2 l Wasser und
2 EL Zucker
– – – – – –
100 g Preiselbeer-kompott
1/8 l süßer Rahm

Die Birnen werden geschält, halbiert, vom Kernhaus befreit und in eine bebutterte Kasserolle gesetzt. Dann werden sie mit Zitronensaft beträufelt und mit Süßmost oder Zuckerwasser gar gedünstet. Man läßt sie im Saft auskühlen. Auf einem Teller richtet man die Birnen an, füllt die Höhlung mit Preiselbeeren, gießt den Saft dazu und bringt sie mit geschlagenem Rahm auf den Tisch.

Grantnschleck

1/4 l süßer Rahm
1/2 l Preiselbeer-marmelade

Rahm und Preiselbeeren werden vermischt und schaumig geschlagen.

Mohn- oder Haselnußkuchen

150 g Butter
2 Dotter
150 g Zucker
2 EL Zitronensaft
2 EL Rum
150 g geriebener Mohn oder Haselnüsse
150 g Mehl
1/2 Backpulver
1/8 l Milch
2 Eiklar Schnee

– – – – –

Fett und Mehl für die Form

– – – – –

Zucker zum Bestreuen

Die Butter rührt man mit den Dottern, dem Zucker und den Gewürzen schaumig. Mehl, Mohn oder Haselnüsse und Backpulver werden vermischt und mit der Milch in die Schaummasse gerührt. Dann zieht man den steifen Schnee darunter.

Die Masse wird in die vorgerichtete Backform gefüllt und bei 180° ca. eine 3/4 Stunde gebacken. Überkühlt wird der Kuchen aus der Form gestürzt und leicht bezuckert.

Heidenmehltorte

5 Eidotter
150 g Zucker
80 g Weizenmehl
100 g Heidenmehl
1 EL Zitronensaft
1 EL Rum
5 Eiklar Schnee

– – – – –

Fett und Mehl
für die Form

– – – – –

150 g Ribisel-
marmelade
zum Füllen

– – – – –

Zucker zum
Bestreuen oder
Zitronenglasur von
200 g Staubzucker
1 Zitrone Saft
etwas heißes Wasser

Dotter, Zucker, Rum und Zitronensaft werden dickschaumig gerührt. Weizen- und Heidenmehl werden gut vermischt und mit dem Schnee in kleinen Partien in die Dottermasse eingezogen. Den Teig füllt man in eine vorgerichtete Tortenform und bäckt ihn bei 180° ca. eine 3/4 Stunde.

Überkühlt wird die Torte aus der Form genommen, vollständig erkaltet durchgeschnitten und mit Marmelade gefüllt. Man kann sie anzuckern oder mit Glasur überziehen.

Glasur: Zucker, Zitronensaft und Wasser werden gut glattgerührt.

Die Torte soll 1 bis 2 Tage stehen, da dann der Heidenmehlgeschmack besser zur Geltung kommt.

Kletzenbrot

1 kg Dörrbirnen
1 l Wasser
500 g Roggenmehl
100 g Sauerteig
(vom Bäcker holen)
oder 60 g Germ
1 TL Salz
1 TL Zimt
4 EL Honig
2 EL Rum
250 g Walnüsse

Die am Vortag eingeweichten Kletzen werden weichgekocht. Dann werden Stiele und Blütenreste entfernt und die Kletzen feingehackt oder faschiert. Die Nüsse werden grob gehackt und mit dem Rum vermischt. Aus Roggenmehl, Sauerteig oder Germ, den Gewürzen und 1/4 l Kletzenkochwasser macht man einen festen Teig. Die Kletzen und Nüsse werden in den Teig gut eingeknetet. Nach dem Aufgehen formt man einen großen Laib oder Striezel. Vor dem Backen bestreicht man den Teig mit kaltem Wasser und bäckt ihn bei 150° ca. 1 1/2 Stunden.
Vor Gebrauch soll das Brot mindestens 1 Woche abliegen.

In der Advent- und Weihnachtszeit wird Kletzenbrot gerne mit Butter und Honig bestrichen gegessen.

Einfacher Lebkuchen

100 g Honig
100 g Rohzucker
2 Eier
Saft und Schale
von 1/2 Zitrone
2 TL Lebkuchengewürz
250 g Roggenmehl
1/2 Backpulver
– – – – –
Fett für die Form

Honig, Zucker, Eier und die Gewürze werden gut verrührt. Dann wird das Mehl, vermischt mit dem Backpulver, eingemengt.
Den Teig füllt man sofort in eine gefettete Kastenform und bäckt den Kuchen bei 180°. Überkühlt stürzt man ihn aus der Form.

Dieser Lebkuchen ist sehr einfach zuzubereiten. Er sollte aber erst nach einigen Tagen verwendet werden. Er bleibt saftig und weich, wenn man immer nur so viel abschneidet, als man gerade braucht.

Ist die Kärntner Küche noch zeitgemäß?

Die Kärntner Küche hat ihren Ursprung in der einfachen bäuerlichen Küche. Daneben gab es auch die bürgerliche und höfische Küche, die aber nicht typisch kärntnerisch ist. Ihre Speisen kamen meist aus dem europäischen Großraum und waren nur einem kleinen Kreis Begüterter vorbehalten.

Für die Speisen bäuerlichen Ursprungs wurden immer nur die Nahrungsmittel verwendet, die das Land hervorbrachte. Vollwertige Getreideprodukte wurden sinnvoll mit Milch, Topfen, etwas Fleisch, Gemüse und Obst ergänzt.

Vom Frühstück über Jausen, „Mittig“ bis zum Nachtmahl war die Kost ausgeglichen. Der bäuerliche Speiseplan wurde von den Jahreszeiten und der Art der zu verrichtenden Arbeit beeinflußt. Im Laufe der Zeit hat sich eine gewisse Tradition entwickelt. Das Scherzlied der Knechte und Störhandwerker „Was is heut für a Tag?“ erinnert uns an den Wochenspeiseplan. Diese geregelte Abfolge im Speiseplan hat dazu geführt, daß die Kärntner Küche oft als zu einseitig eingestuft wird. Aber Knodel, Nudeln, Studel usw. hatten je nach Jahreszeit immer andere Zutaten auf der Grundlage von Getreide- und Milchprodukten.

Unsere Lebensweise hat sich grundlegend geändert und die Nachfrage nach „gesunder“ Kost ist groß. Mit einfachen Speisen aus der Kärntner Küche kann man sehr wohl einen ausgewogenen, unseren heutigen Bedürfnissen angepaßten Speiseplan erstellen.

Was is heut für a Tag?

(Die Wochentage)

Was is heut für a Tag?
Heut is Sonntag –
heut is Lumpentag.
Wann alle Tag
Montag Knödeltag,
Dienstag Nudeltag,
Mittwoch Strudeltag,
Donnerstag Fleischtag,
Freitag Fasttag,
Samstag Zahltag,
Sonntag Lumpentag wäre,
waar ma lustige Leut.

Eine Woche kärntnerisch kochen

Montag

Erdäpfelsuppe, Polsterzipfl, Apfelkoch

Dienstag

Breinsuppe, Erdäpfelnudeln, Knoblauchkraut

Mittwoch

Knoblauchsuppe, Topfennockalan, Salat oder Kompott

Donnerstag

Rahmsuppe, Erdäpfelstrudel, Spinat

Freitag

Gemüsesuppe, Kärntner Kasnudeln, Salat

Samstag

Bohnenfleisch, Apfelstrudel

Sonntag

Mostbraten, Blaukraut, Semmelknödel
Gstandne Milch mit Beeren
oder
Rindsuppe mit Leberknödeln, gekochtes Rindfleisch,
Krensoße, geröstete Erdäpfel, Grantnschleck

Eine Ausnahme im täglichen Speiseplan bildeten Feste im Jahreslauf.
Festtagsspeisen waren üppig, aber vor den Festtagen wurde meist gefastet. Wie die Beispiele zeigen, gab es auch hier eine bestimmte Tradition.

Kirchtag, der größte Festtag im Jahresablauf

Kirchtagssuppe mit Eingußnudeln oder Reindling
Gekochtes Rindfleisch mit Krensoße
Kalbs- oder Schweinsbraten, Apfelkoch, Zwetschkenkompott, Preiselbeeren
Schmalzmuas oder Maulkörbe, Kaffee

Hochzeit

Rindsuppe mit Eingußnudeln, Leberknödeln oder Lungenstrudel
Gekochtes Rindfleisch mit Krensoße
Schweinsbraten mit Preiselbeeren, Zwetschkenpfeffer, Apfelkoch
Einfache Torten, Reindling, Kaffee

Ostern

Fleischsuppe mit Nudeln
Gekochtes Selchfleisch mit Sauerkraut
Gebratenes Kitz oder Schweinsbraten mit Erdäpfelbrei, Preiselbeeren
Krapfen, Kaffee

Pfingsten

Kirchtagssuppe
Gebratenes Kitz oder Kälbernes, gemischtes Kompott
Schmalzmuas, Kaffee

Weihnachten

Fleischsuppe mit Einlagen
Schweinsbraten, gebratene Erdäpfel, Rohnensalat, Preiselbeeren
Krapfen, Kaffee

Diese traditionellen Speisenfolgen könnte man auch etwas abwandeln:

Ostern

Rindsuppe mit Kräuterstrudel
Schweinsbraten, Blaukraut, Semmelknödel
Tropfenfruchtschale

Eier in pikanter Soße
Warmer Schinken, Linsenpürree, Rahmkren
Drautaler Birnen

Rindsuppe mit Eingetropftem
Rindfleisch, Schnittlauchsoße, geröstete Erdäpfel
Mohnkuchen, Kompott

Weihnachten

Rindsuppe mit Schlickkrapferln
Fisch in Kräutersoße, Buttererdäpfel, Salat
Das Süaße

Rindsuppe mit Grießnockerln
Reh- oder Rindschnitzel, Erdäpfelknödel, gebratene Äpfel
Dober Močnik

Zusammenfassend kann gesagt werden, daß die einfache Kärntner Küche bäuerlichen Ursprungs den Grundsätzen einer „gesunden“, das heißt richtigen, unseren heutigen Lebensumständen angepaßten Ernährung sehr wohl entspricht. Es lohnt sich sicher, diese alten, schon fast vergessenen Rezepte einmal auszuprobieren, zumal sie mit wenigen Ausnahmen auch keine besonderen Vorkenntnisse erfordern.
Im Anhang finden Sie die Rezepte, die in den vorgeschlagenen Speisenfolgen vorkommen, aber im Hauptteil nicht enthalten sind.
Dann gutes Gelingen!

Helga Setz

Breinsuppe

100 g Selchspeck
50 g Zwiebeln
100 g Karotten
100 g Porree
100 g Selleriewurzeln
100 g Brein (Hirse)
einige Lustockblätter
und Gundelrebe
1 1/4 l Wasser
1 TL Salz
1 TL grüne Petersilie

Den kleinwürfelig geschnittenen Speck etwas ausbraten und die feingehackten Zwiebeln darin hellbraun rösten. Nudelig geschnittenes Wurzelwerk zugeben, kurz andünsten. Den gut gewaschenen Brein, die Kräuter und das Wasser beifügen und alles ca. 30 Minuten kochen. Mit Salz und gehackter grüner Petersilie würzen.

Leberknödel

150 g geschabte Rindsleber
1 Semmel
2 EL Fett
50 g Zwiebeln
1 Knoblauchzehe
je 1/2 TL Majoran, Basilikum, grüne Petersilie
1 Prise Thymian und geriebene Muskatnuß
1/2 TL Salz
1 EI
ca. 2 EL Semmelbrösel

Die Semmel in kaltem Wasser erweichen, gut ausdrücken und mit einer Gabel zerkleinern. Feingehackte Zwiebeln in Fett hellbraun rösten. Knoblauch und Petersilie klein aufhacken. Alle Zutaten gut vermischen, ca. 1/2 Stunde ziehen lassen. 4 große oder 8 kleinere Knödel formen, in die leicht kochende Suppe einlegen und 10–15 Minuten ziehen lassen.

Schlickkrapferln

Nudelteig:
200 g Mehl
1 Ei
1/2 TL Salz
Wasser nach Bedarf

Fülle:
250 g gekochtes Kalbs- oder Schweinsbeuschl oder Braten- oder Kochfleischreste
2 EL Fett
50 g Zwiebeln
1 Knoblauchzehe
je 1/2 TL Salz, Majoran, Basilikum
je 1 Prise Pfeffer und geriebene Muskatnuß
4 EL klare Suppe
2 EL Semmelbrösel
1 Ei

Einen Nudelteig zubereiten und rasten lassen.
Aus der Fülle formt man nußgroße Kugerln. Die weitere Zubereitung erfolgt wie für gefüllte Nudeln. Die Teigtascherln werden in kochendes Salzwasser eingelegt und 10 Minuten leicht gekocht. Danach in heißer Suppe auftragen.

Fülle: Beuschl oder Fleisch fein faschieren. Mit gerösteten Zwiebeln, den mit Suppe angefeuchteten Bröseln und den übrigen Zutaten gut vermischen.

Spinat

500 g Spinatblätter
2 Knoblauchzehen
– – – – –
50 g Butter
40 g Mehl
1/4l Milch
je 2 Prisen Ingwer, geriebene Muskatnuß
1/2 TL Salz

Der gut gewaschene Spinat wird mit Knoblauch im Abtropfwasser kurz gedünstet und püriert. Eine helle Einmach aus Butter und Mehl wird mit Milch aufgegossen und gut verkocht. Dann gibt man den Spinat dazu und würzt.

Blaukraut

500 g Blaukraut
2 EL Essig
1 TL Salz
1/2 TL Kümmel
– – – – –
2 EL Öl
50 g Zwiebeln
1/8 l Rotwein
1 Lorbeerblatt
4 Nelken
200 g Äpfel

Das fein nudelig aufgeschnittene Kraut wird mit Essig und den Gewürzen vermischt. Feingehackte Zwiebeln röstet man im Öl goldbraun, gibt das Kraut, die Gewürze und die geschälten, geviertelten Äpfel dazu, gießt mit Wein und wenn nötig mit etwas Wasser auf und dünstet das Gemüse gar.

Krensoße

4 altbackene Semmeln
ca. 1/2 l Rindsuppe
Salz, Pfeffer, Muskat
4 EL geriebenen Kren
1 EL Essig
1 EL Butter

Die Semmeln in dünne Scheiben schneiden, mit kochender Suppe übergießen, kurz aufquellen lassen.
Den Kren mit Essig mischen, unter die Semmeln rühren, nur einmal aufkochen lassen.
Mit dem Schneebesen gut verrühren, am Schluß die Butter dazugeben.

Linsenpürree

400 g Linsen
2 Lorbeerblätter
– – – – –
40 g Fett
40 g Mehl
1 EL Essig
1 TL Salz

Die eingeweichten Linsen werden mit Lorbeerblättern weichgekocht und passiert. Mehl wird im Fett braun geröstet, die Linsen werden dazugegeben, kurz aufgekocht und gewürzt.

Schnittlauchsoße

3 Eier, hartgekocht
1 TL Senf
1/2 TL Salz
etwas Zucker
1 TL Zitronensaft
1/8 l Öl
2 altbackene Semmeln
Essigwasser
5 EL Schnittlauch
5 EL saurer Rahm

Die Semmeln entrinden, in Essigwasser einweichen, gut ausdrücken, passieren.
Die Eidotter passieren, mit den Gewürzen vermischen und das Öl langsam einrühren. Semmeln, fein aufgeschnittenen Schnittlauch, passiertes gekochtes Eiweiß und Rahm einrühren, eventuell nachwürzen.

Eier in pikanter Soße

4 Eier, hartgekocht,
1 Kopf Salat
Essig-Salzwasser
– – – – –
Soße:
1 EL feingehackte Zwiebeln
1 EL Senf
etwas Salz und Pfeffer
5 EL Öl
1 TL Essig
1 EL geriebenen Kren
1 TL grüne Petersilie

Die Salatblätter zieht man kurz durch das Essig-Salzwasser und legt sie in eine Schüssel. Darauf kommen die geschälten, halbierten Eier. Die Soße gießt man darüber, bestreut mit gehackter Petersilie und läßt kurz durchziehen.

Soße: Das Öl rührt man langsam in die Mischung von Zwiebeln und Senf ein, würzt und zieht den Kren darunter.

Gebratenes Kitz

1 Kitz
Salz
Zitronensaft
50 g Butter
etwas Rindsuppe

Das vorbereitete Kitz wird zerteilt, mit Salz und Zitronensaft eingerieben, in Butter angebraten und im Rohr unter öfterem Begießen ca. 1/2 Stunde fertiggebraten.

Gebratenes Kälbernes

500 g Kalbsknochen
1 kg Kalbsschulter
1/2 TL getrockneter Salbei
1 TL Salz
3 EL Öl
etwas Wasser
20 g Butter
1/2 TL Mehl

Kleingehackte Kalbsknochen werden in eine Bratpfanne gegeben, das gewürzte Fleisch daraufgelegt und mit heißem Öl übergossen. Die Pfanne wird ins heiße Backrohr geschoben und wenn alles angebraten ist, wird aufgegossen und gargebraten. Butter und Mehl werden verknetet und der Saft damit gebunden.

Topfenfruchtschale

250 g Topfen
2 Eidotter
1/8 l süßer oder saurer Rahm
50–100 g Zucker
500 g verschiedene frische, aufgeschnittene Früchte
2 Eiklar Schnee
200 g Himbeer- oder Erdbeermark

Topfen, Dotter, Rahm und Zucker werden gut verrührt, die Früchte und der steife Eischnee untergezogen. Die Speise wird in Schalen angerichtet, mit Fruchtmark übergossen und gut gekühlt zu Tisch gebracht.

Das Süaße

300 g altbackenes Milchbrot oder Reindling
200 g geriebener Mohn
3 EL Zucker
1/2 l Kletzenkochwasser und 5 EL Schnaps oder 1/2 l Glühmost

Dünnblättrig geschnittenes Weißbrot lagenweise mit gezuckertem Mohn in eine Schüssel schichten. Mit Brot abschließen. Mit Schnaps gewürztes Kletzenkochwasser oder Glühmost darüberschütten und gut kühlen.

Im Lavanttal gibt es diesen Nachtisch nur zu Weihnachten. Bei Festtafeln oft zwischen den Fleischspeisen.

Dober Močnik

400 g Milchbrot oder alter Reindling
1/4 l Milch
4 Eier
– – – – –
100 g Butter
3/8 l Milch
100 g Weinbeeren
50 g Zucker
etwas Zimt

Milch und Eier versprudeln und über das würfelig geschnittene Weißbrot gießen. In einer Pfanne Butter zerlassen, das Weißbrot hineingeben und ca. 10 Minuten dünsten. Die restliche Milch aufkochen, mit Weinbeeren und der Hälfte des Zuckers unter das Brot mischen und noch eine kurze Zeit ausdünsten lassen. Mit Zimt-Zuckergemisch bestreut zu Kaffee oder Kompott auftischen.

Maulkörbe

400 g glattes Mehl
1/2 TL Salz
ca. 1/8 l Milch
4 EL saurer Rahm
10 g Germ
2 EL Zucker
2 Eier
50 g Butter
2 EL Rum
– – – – –
Backschmalz

Die Germ wird mit einigen Löffeln Milch verrührt. Die Butter wird zerlassen, die übrige Milch dazugegeben und auf ca. 40 Grad erwärmt. Die Eier werden darin gut versprudelt. Mit dem Mehl und allen anderen Zutaten wird ein mittelfester, glatter Teig bereitet, den man 1 Stunde rasten läßt. Dann formt man ihn zu einer Rolle mit ca. 5 cm Durchmesser, schneidet davon fingerdicke Stücke ab, die man rund oder oval messerrückendick ausrollt. Kurz vor dem Ausbacken radelt man sie fingerbreit ein. Es muß ein ebenso breiter, zusammenhängender Rand bleiben. Jeder 2. Streifen wird herausgezogen, über einen dünnen Holzlöffelstiel gehängt ins heiße Backfett gegeben und goldbraun gebacken.

Inhalt

Suppen

Fleisch- und Fischgerichte

Zuspeisen

Knödel und Nockalan

Sterz und Schmarrn

Nudeln und Strudel

Kleine Imbisse

Reindling, Schmalzgebackenes und andere süße Speisen

Ist die Kärntner Küche noch zeitgemäß?

Was ist heut für a Tag?

Eine Woche kärntnerisch kochen

Speiseplan bei Festen